Das Geheimnis des Bösen

Fröhliche Wissenschaft 066

Giorgio Agamben

DAS GEHEIMNIS DES BÖSEN

Benedikt XVI.
und
das Ende der Zeiten

Aus dem Italienischen
von Andreas Hiepko

Matthes & Seitz Berlin

INHALT

Vorbemerkung | 7
I. Das Geheimnis der Kirche | 9
II. *Mysterium iniquitatis*. Geschichte als Geheimnis | 33

Anhang
Erklärung Coelestins V. (lat./dt.) | 62
Erklärung Benedikts XVI. (lat./dt.) | 64
Anmerkungen | 68
Literaturverzeichnis | 69

VORBEMERKUNG

Mysterium iniquitatis ist die schriftliche Fassung eines am 13. November 2012 anlässlich der Verleihung der theologischen Ehrendoktorwürde in Freiburg (Schweiz) gehaltenen Vortrags. Da die bei dieser Gelegenheit behandelten Themen mit denen des späteren Deutungsversuchs des Amtsverzichts Benedikts XVI. (*Das Geheimnis der Kirche*) aufs Engste verflochten sind, habe ich darauf verzichtet, ihre große Ähnlichkeit durch die Abmilderung der Anklänge und Wiederholungen zu verschleiern. Denn beide Texte stellen sich ein und demselben Problem: dem der politischen Bedeutung des messianischen Motivs des Endes der Zeiten, heute wie vor zweitausend Jahren.

I.
DAS GEHEIMNIS DER KIRCHE

1.

Auf den folgenden Seiten wird der Versuch unternommen, den Amtsverzicht Papst Benedikts XVI. nachzuvollziehen, indem er in seinen theologischen und ekklesiologischen Kontext gestellt wird. Gleichwohl soll auch der exemplarische Charakter dieser Entscheidung betrachtet werden, um aus ihr Schlussfolgerungen für die Beurteilung der politischen Lage der heutigen Demokratien ziehen zu können.
Denn ich bin davon überzeugt, dass Benedikt XVI. mit dem »großen Verzicht« nicht Feigheit bewiesen hat – deren Dante, laut einer alles andere als unstrittigen exegetischen Tradition, Coelestin V. bezichtigt haben soll –, sondern einen Mut, der in unserer Zeit nicht selbstverständlich ist. Die gewiss aufrichtigen Gründe, die der Papst für seinen Entschluss anführt, reichen keinesfalls hin, einen Schritt zu erklären, der für die Geschichte der Kirche von herausragender Bedeutung ist. Vollends bewusst wird man sich dieser Bedeutsamkeit, wenn man sich in Erinnerung ruft, dass es das Grab Coelestins V. in L'Aquila war, auf dem Benedikt XVI. am 28. April 2009 das Pallium,

das er bei seiner Investitur erhalten hatte, ablegte – das zeigt, wie wohlbedacht seine Entscheidung war. Papst Coelestin V. hatte seinen Amtsverzicht mit fast denselben Worten begründet wie Benedikt XVI.: Er sprach von »Hinfälligkeit der Person« (*infirmitas personae*) und »körperlicher Gebrechlichkeit« (*debilitas corporis*; Benedikt XVI. beruft sich auf eine Abnahme der »Kraft des Körpers«, *vigor corporis*); doch schon zeitgenössische Quellen legen nahe, dass der wahre Grund in seinem Verdruss »über den Stellenwucher und Ämterschacher des Hofes« zu suchen sei.

Weshalb halten wir diese Entscheidung für exemplarisch? Weil sie uns eine Unterscheidung zweier wesentlicher Prinzipien unserer ethisch-politischen Tradition in Erinnerung ruft, der sich unsere Gesellschaft nicht mehr bewusst zu sein scheint: die zwischen Legitimität und Legalität. Die Krise, in der sich die Gesellschaft gegenwärtig befindet, ist deshalb so tiefgreifend, weil sie nicht nur die *Legalität* der Institutionen infrage stellt, sondern auch ihre *Legitimität*; nicht nur, wie es allzu oft heißt, die Regeln und Bedingungen der Machtausübung, sondern das Prinzip, das sie begründet und legitimiert.

Delegitimiert sind die Staatsgewalt und ihre Institutionen heute nicht, weil sie rechtswidrig handeln; die Illegalität ist vielmehr so selbstverständlich und allgegenwärtig, weil die Herrschenden jegliches Bewusstsein für ihre Legitimität verloren haben. Deshalb ist es naiv zu glauben, man könne der Krise unserer Gesellschaften mit einer – fraglos notwendigen – Stärkung der Judikative begegnen: Auf einer rein rechtlichen Ebene kann die Krise der Legitimität nicht gelöst werden. Die Hypertrophie des Rechts, die alles gesetzlich zu regeln versucht, lässt durch ihre Exzesse formeller Rechtmäßigkeit den Verlust jeder substantiellen Legitimität nur umso deutlicher hervortreten. Angesichts des unaufhaltsamen Niedergangs, in dem sich unsere demokratischen Institutionen befinden, muss der Versuch der Moderne, Legalität und Legitimität zur Deckung zu bringen, um die Legitimität der Herrschaft im positiven Recht begründen zu können, als gescheitert betrachtet werden. Lebendig sind die Institutionen einer Gesellschaft nur, wenn beide Prinzipien (die in unserer Tradition auch unter den Namen Naturrecht und positives Recht, geistliche und weltliche Macht, oder – im alten Rom – *auctoritas* und *potestas* bekannt sind) ihre Wirksamkeit entfalten, ohne zusammenzufallen.

2.

Sich auf den Unterschied von Legitimität und Legalität zu berufen, bedeutet keinesfalls, sich der das sogenannte reaktionäre Denken bestimmenden Übereinkunft anzuschließen, der zufolge rechtspolitische Legalität lediglich ein Epiphänomen oder Effekt des substantiell höherrangigen Prinzips der Legitimität sei. Ich gehe hingegen davon aus, dass Legitimität und Legalität zwei Teile einer politischen Maschine sind, die nur funktioniert, wenn beide Teile ihre je eigene Wirksamkeit entfalten können. Wenn – wie im Europa des Mittelalters – die Kirche den Anspruch erhebt, dass sich die weltliche Macht des Reichs oder der Staaten ihrer geistlichen Macht unterzuordnen habe, oder – wie in den totalitären Staaten des 20. Jahrhunderts – sich die Legitimität der Legalität zu entledigen trachtet, kommt es zum in der Regel todbringenden Leerlauf der Maschine; wenn sich hingegen – wie in den modernen Demokratien – das legitimierende Prinzip der Volkssouveränität auf die Stimmabgabe beschränkt und in vorbestimmten verfahrensrechtlichen Regelungen erschöpft, droht die Legitimität hinter der Legalität zu verschwinden, was den Stillstand der politischen Maschine bedeuten würde.

Das macht die Bedeutung der Entscheidung Benedikts XVI. aus. Das Oberhaupt jener Institution, die sich des ältesten und augenscheinlichsten Legitimitätsanspruchs rühmen kann, entschließt sich zu einem Schritt, der eben diesen Anspruch radikal infrage stellt. Angesichts einer für die Problematik ihrer Legitimität unempfänglichen Kurie, die lediglich den Erfordernissen der Wirtschaft und der weltlichen Macht zu genügen versucht, entscheidet sich Benedikt XVI. für die geistliche Macht, der in seinen Augen einzig dadurch Geltung verschafft werden kann, indem er auf das Amt des Stellvertreters Christi verzichtet – und so die Kirche in ihren Grundfesten erschüttert.

3.

Um den von Benedikt XVI. vollzogenen Schritt besser verstehen zu können, muss er in seinen theologischen Kontext gestellt werden. Nur so kann seine Bedeutung angemessen gewürdigt werden, insbesondere das Kirchenverständnis des Papstes. Im Jahr 1956 veröffentlicht der dreißigjährige Theologe Joseph Ratzinger in der *Revue des Études Augustiniennes et Patristique* einen Artikel mit dem Titel »Beobachtungen zum Kirchenbegriff des Tyconius im ›Liber regularum‹«.

Tyconius, der in der zweiten Hälfte des 4. Jahrhunderts in Afrika wirkte und gemeinhin als donatistischer Häretiker gilt, war in Wirklichkeit ein hervorragender Theologe, ohne den Augustinus sein Hauptwerk *Vom Gottesstaat* nicht hätte schreiben können. Denn hinter den sieben Regeln für die Interpretation der Heiligen Schrift seines *Liber regularum* (des neben Fragmenten eines Kommentars der Offenbarung des Johannes einzigen erhaltenen Werks) verbirgt sich ein regelrechter ekklesiologischer Traktat.

Besondere Aufmerksamkeit schenkt der junge Ratzinger der zweiten Regel, die den Titel *De Domini corpore bipertito* trägt und ihre Entsprechung in der siebten Regel (*De diabolo et eius corpore*) findet. »Der wesentliche Inhalt der Lehre vom *corpus bipertitum* besteht in der These, dass der eine Leib der Kirche zwei Seiten hat, eine linke und eine rechte, eine sündige und eine begnadete, die aber beide eben Seiten eines einzigen Leibes sind. Stärker noch als in der Zweiheit der Abrahamssöhne und in der Zweizahl der Söhne Jakobs findet Tyconius diesen Tatbestand an jenen Stellen ausgedrückt, die nicht nur die Zweiheit, sondern zugleich deren Zusammenfassung in einem einzigen corpus sichtbar machen: *Fusca sum et decora*, sagt die Braut des Hohenliedes (*Cant.* 1,4): Schwarz bin ich *und* schön, d.h. die eine Braut Christi, der eine Leib der Kirche hat linke *und* rechte Seite, umfasst Sünde *und* Gnade.«[1]

Ratzinger weist darauf hin, dass diese These sich in einem wesentlichen Punkt von der des Augustinus unterscheidet, auch wenn dessen Idee einer aus Gutem und Schlechtem gemischten (*permixta*) Kirche fraglos von Tyconius inspiriert war. »Es gibt [bei Tyconius] also jene klare Antithetik von Jerusalem und Babylon gar nicht, wie sie für Augustin kennzeichnend ist. Sondern Jerusalem ist zugleich auch Babylon, es schließt Babylon ein: Beides ist eine einzige Stadt, die eine ›linke‹ und eine ›rechte‹ Seite hat. Tyconius entwickelt nicht, wie Augustinus, eine Lehre von zwei civitates, sondern eine Lehre von *einer* civitas mit zwei Seiten.«[2]

Laut Ratzinger folgt aus dieser radikalen These, die eine Kirche der Niederträchtigen und eine Kirche der Gerechten zugleich teilt und vereint, dass die Kirche bis zum Jüngsten Gericht sowohl Kirche Christi als auch Kirche des Antichrist ist: »Daraus geht nun aber hervor, dass der Antichrist zur Kirche gehört, in ihr und mit ihr wächst bis zur großen *discessio*, die die endgültige *revelatio* einleitet.«[3]

4.

Welche Spuren hinterlässt die Tyconius-Deutung im Verständnis des Wesens und der Bestimmung der Kirche sowohl des jungen Freisinger Theologen als auch des künftigen Papstes? Wie wir sahen unterscheidet Tyconius eine schwarze (*fusca*) Kirche, in der die Schlechten, die den Leib Satans bilden, versammelt sind, und eine schöne (*decora*) Kirche, die sich aus jenen zusammensetzt, die an Christus glauben. Jetzt sind die beiden Körper der Kirche unentwirrbar vermischt, doch am Ende der Zeiten werden sie sich trennen: »Das vollzieht sich seit dem Leiden des Herrn solange bis die Kirche, die aufhält, vom Geheimnis des Bösen (*mysterium facinoris*) beseitigt wird, auf dass, wenn die Zeit gekommen ist, der Gottlose offenbar werde, wie der Apostel sagt.«[4]

Tyconius zitiert (»wie der Apostel sagt«) denselben Bibeltext, auf den Ratzinger anspielt, wenn er von der »großen *discessio*« spricht: die berühmte, dunkle Stelle des zweiten Paulusbriefs an die Thessalonicher, die eine Prophezeiung über das Ende der

Zeiten enthält. Ich gebe sie in einer möglichst wörtlichen Übersetzung wieder:

»Wir bitten euch, Brüder, im Blick auf das Kommen unseres Herrn Jesus Christus und unsere Vereinigung mit ihm, euch nicht aus der Fassung bringen oder erschrecken zu lassen von Eingebungen oder Worten oder einem Brief, der von mir stammen soll, als ob der Tag des Herrn bevorstünde. Niemand täusche euch auf irgendeine Weise. Denn wenn nicht zuerst die Apostasie gekommen und geoffenbart worden ist der Mensch der Anomie (*ho anthropos tes anomias*), der Sohn der Zerstörung, der sich widersetzt und über alles erhebt, was Gott genannt wird oder Gegenstand der Verehrung ist, bis er, sich als Gott ausgebend, im Tempel Gottes sitzt. Erinnert ihr euch nicht, dass ich euch, als ich noch unter euch weilte, dies sagte. Jetzt wisst ihr, was aufhält (*to katechon*), auf dass er geoffenbart werde zu seiner Zeit. Das Geheimnis der Anomie (*mysterion tes anomias*, das die Vulgata mit *mysterium iniquitatis* übersetzt; in der von Tyconius verwendeten Übersetzung *mysterium facinoris*) ist schon wirksam; nur muss der Aufhaltende erst aus dem Weg geräumt werden. Und dann wird der Gottlose (*anomos*, wörtlich ›der Gesetzlose‹) geoffenbart werden, den der Herr Jesus beseitigen wird durch den Hauch seines Mundes und unwirksam machen durch die Erscheinung seiner Ankunft – ihn, dessen Ankunft geschieht gemäß der Wirkung des Satans mit aller Macht und Zeichen und falschen Wundern und mit allem Trug der Ungerechtigkeit für die, die verloren gehen, weil sie die Liebe der Wahrheit nicht angenommen haben zu ihrer Errettung.« (2 Thess 2, 1–10)

5.

Es geht um das Ende der Zeiten, dessen Kommen an das Wirken zweier Gestalten gebunden ist: des »Menschen der Anomie« (oder des »Gesetzlosen«, *anomos*) und »desjenigen (oder dessen), welcher (oder was) aufhält«, das heißt die Wiederkunft Christi und das Ende der Welt aufschiebt. Obgleich Paulus den Terminus Antichrist nicht verwendet hat, wird seit Irenäus (unter anderem von Hippolyt, Origenes, Tertullian und Augustinus) die erste Gestalt mit dem Antichrist des ersten Johannesbriefs gleichgesetzt. Das *katechon*, das das Ende aufhält, setzen die Kirchenväter hingegen mit zwei grundverschiedenen Mächten gleich: mit dem Römischen Reich und der Kirche selbst. Die erste Deutung geht auf Hieronymus zurück, dem zufolge der Apostel nicht offen vom Reich sprechen wollte, um nicht beschuldigt werden zu können, dessen Untergang zu wünschen. Wie wir sahen, geht die zweite Deutung auf Tyconius zurück, der die Kirche (oder genauer einen Teil der Kirche) mit dem Antichrist gleichgesetzt hatte. Im zwanzigsten Buch des *Gottesstaats* weist Augustinus diskret darauf hin, ohne ihn namentlich zu erwähnen: »Andere sind der Ansicht, die Worte [des Apostels] bezögen sich lediglich auf die Schlechten und Heuchler in der Kirche, die sich vermehrten, bis sie das große Volk des Antichrist bilden würden. Das sei das Geheimnis der Bosheit, weil es in der Verborgenheit bleibe. Man ist nämlich der Meinung, dass sich auf dieses Geheimnis der Evangelist Johannes in seinem Brief bezieht [...]. So wie also in der Stunde, die Johannes die letzte nennt, viele Häretiker, die er Antichristen nennt, aus der Kirche fortgezogen sind, so werden dereinst alle aus ihr fortgehen, die nicht zu Christus, sondern zum letzten Antichrist gehören, der dann offenbar werden wird.« (XX,19)

Tyconius unterscheidet eine eschatologische Zeit, in der sich die Trennung der beiden Kirchen und Völker vollziehen wird: Schon Ende des 4. Jahrhunderts gab es also eine Denkschule, die in der römischen Kirche, oder genauer in der Zweigeteiltheit ihres Leibes, die Ursache für den Aufschub der Parusie sah.

6.

Die erste Hypothese, die die aufhaltende Macht mit dem Römischen Reich gleichsetzt, hat sich im 20. Jahrhundert der bedeutende katholische Jurist Carl Schmitt zu eigen gemacht. Ihm zufolge ermöglicht einzig die Idee des *katechon*, die Geschichte unter einem christlichen Gesichtspunkt zu betrachten: »Der Glaube, dass ein Aufhalter das Ende der Welt zurückhält, schlägt die einzige Brücke, die von der eschatologischen Lähmung alles menschlichen Geschehens zu einer so großartigen Geschichtsmächtigkeit wie der des christlichen Kaisertums der germanischen Könige führt.«[5] Die zweite Hypothese hat in unserer Zeit der geniale, von der Kirche verkannte Theologe Ivan Illich vertreten, für den das *mysterium iniquitatis*, von dem der Apostel spricht, nichts anderes ist als die *corruptio optimi pessima*, die Pervertierung der Kirche, die mit ihrer Institutionalisierung zur vorgeblichen *societas perfecta* dem modernen Staat das Modell für seine lückenlose Betreuung der Menschen geliefert hat.

Ihren prägnantesten Ausdruck fand die Lehre von der römischen Kirche als *katechon* jedoch schon viel früher: in der Legende vom Großinquisitor, die Iwan Karamasow in Dostojewskis Roman erzählt. Hier ist die Kirche eine Macht, die die Wiederkunft Christi nicht aufzuschieben, sondern endgültig zu vereiteln versucht (»Geh und kehr nie wieder«, sagt der Großinquisitor zu Christus).

7.

In der Generalaudienz vom 22. April 2009, zwei Monate bevor er sein Pallium auf dem Grab Coelestins V. abgelegt hat, kam Benedikt XVI. im Zusammenhang mit der Frage, wie »das Geheimnis der Kirche« heute zu verstehen sei, nochmals auf Tyconius zu sprechen. Gegenstand der Audienz war Ambrosius Autpertus, ein Theologe des 8. Jahrhunderts, der einen von Tyconius inspirierten Kommentar der Offenbarung des Johannes verfasst hat. In diesem Zusammenhang heißt es, dass Tyconius in »seinem Kommentar in der Offenbarung des Johannes vor allem das Sich-Widerspiegeln des Geheimnisses der Kirche sieht. Tyconius war zu der Überzeugung gelangt, dass die Kirche ein zweigeteilter Leib wäre: Ein Teil, so sagt er, gehöre Christus, aber es gebe noch einen anderen Teil der Kirche, der dem Teufel gehöre.«[6] Dass die These des Tyconius, der als »großer Theologe« bezeichnet wird, nun die Billigung des Bischofs von Rom erfährt, ist insofern bemerkenswert, als es nicht nur um die These des zweigeteilten Leibes der Kirche, sondern auch und gerade um deren eschatologische Implikationen geht, um die »große *discessio*«, die Trennung der Schlechten von den Gläubigen – der Kirche als Leib des Antichrist von der Kirche als Leib Christi –, die am Ende der Zeiten erfolgt.

Wie fügt sich die Entscheidung des Papstes in diesen theologischen Kontext ein, dem sie unbestreitbar angehört? Vor diesem Hintergrund beschwört der Amtsverzicht unweigerlich so etwas wie eine *discessio*, eine Trennung der »schönen (*decora*)« von der »schwarzen (*fusca*)« Kirche herauf; und Benedikt XVI. war sich natürlich vollkommen darüber im Klaren, dass sich diese erst mit der Wiederkunft Christi vollziehen kann und muss, also eben jenes Ereignis voraussetzt, das die Zweigeteiltheit des Leibes der als *katechon* wirkenden Kirche aufschieben sollte.

8.

Entscheidend ist, welche Bedeutung man dem untrennbar mit der christlichen Geschichtsphilosophie (doch vielleicht ist alle Geschichtsphilosophie ihrem Wesen nach christlich) verbundenen eschatologischen Thema beimisst, insbesondere jedoch, wie man den Passus des Paulusbriefs auslegt. Bekanntlich hat die Kirche schon vor geraumer Zeit ihr eschatologisches Büro geschlossen;[7] die Entscheidung Benedikts XVI. macht jedoch deutlich, dass das Problem der letzten Dinge in der Kirchengeschichte insgeheim fortwirkt. Denn Eschatologie bedeutet nicht – wie Schmitt glauben machen möchte – die Lähmung des historischen Geschehens, weil das Ende der Zeiten jedes Handeln sinnlos werden lässt. Vielmehr besteht die Bedeutung der letzten Dinge gerade darin, den Umgang mit den vorletzten Dingen anzuleiten und auszurichten. Das ist es, was Paulus, der sich zur Bezeichnung der messianischen Zeit ausnahmslos des Ausdrucks *ho nyn kairos*, »Jetzt-Zeit« bedient, den Thessalonichern einzuschärfen versucht, wenn er sie ermahnt, sich von der unmittelbar bevorstehenden Parusie nicht aus der Fassung bringen zu lassen. Nicht der Jüngste Tag, nicht das *Ende der Zeit* bewegen den Apostel, sondern die *Zeit des Endes*, die von dem messianischen Ereignis bewirkte innere Verwandlung der Zeit, die ihrerseits eine Verwandlung des Lebens der Gläubigen bewirkt. Das *mysterium iniquitatis* des zweiten Thessalonicherbriefs ist kein überzeitliches Arkanum, dessen einziger Sinn darin besteht, der Geschichte und der Heilsökonomie ein Ende zu setzen: Es ist ein historisches Drama (*mysterion* bedeutet im Griechischen »dramatische Handlung«), das gleichsam ununterbrochen im Gang ist und in dem sich unablässig das Schicksal der Menschheit entscheidet, das Heil oder das Verderben der Menschen. Nicht umsonst stellt Tyconius in seinem Kommentar der Offenbarung des Johannes, den Benedikt XVI. genau kennt, die Behauptung auf, dass sich die Prophezeiungen der Offenbarung nicht auf das Ende der Zeiten beziehen, sondern auf den Zustand der Kirche in der Zeit zwischen dem ersten und dem zweiten Kommen Jesu Christi, also in der historischen Zeit, die auch die unsere ist.

9.

Mit Blick auf die Trennung der beiden Seiten des Leibes der Kirche heißt dies jedoch, dass die »große *discessio*«, von der der junge Ratzinger spricht, keineswegs bloß ein zukünftiges Ereignis ist, das als solches von der Gegenwart geschieden und an das Ende der Zeiten verwiesen werden könnte: Es ist vielmehr etwas, an dem sich die Lebensführung eines jeden Christen und an erster Stelle die des Papstes *hier und jetzt* ausrichten soll. Entgegen der Behauptung Schmitts wird das geschichtliche Handeln der Christen vom *katechon*, von der »aufhaltenden Macht« – sei es nun die Kirche oder der Staat – weder angespornt noch aufgeschoben.
Vor diesem Hintergrund ist der »große Verzicht« Benedikts XVI. alles andere als ein Hinweis auf ein in der Zukunft eintretendes eschatologisches Schisma: Er gemahnt uns vielmehr daran, dass die Kirche nicht überleben wird, wenn sie die Lösung des Konflikts, der ihren »zweigeteilten Leib« zerreißt, auf das Ende der Zeiten vertagt. Wie das Problem der Legitimität kann auch die Frage, was gerecht und was ungerecht ist, nicht aus dem geschichtlichen Leben der Kirche

verbannt werden, vielmehr muss sich an ihr das Bewusstsein der Kirche für ihre weltlichen Entscheidungen schärfen. Verschließt man, wie es die Kirche nicht selten getan hat, die Augen vor der Realität des zweigeteilten Leibs, wird die »schwarze« (*fusca*) Kirche früher oder später über die »schöne« (*decora*) obsiegen und das eschatologische Drama vergeblich gewesen sein.

Benedikts XVI. Entschluss lässt die Sprengkraft des eschatologischen Geheimnisses wieder zutage treten; doch nur so wird die Kirche, die sich an die Zeit verloren hat, mit dem Ende der Zeiten wieder in Beziehung treten können. Zwei unvereinbare, gleichwohl aufs engste miteinander verbundene Elemente bestimmen die Kirche: Ökonomie und Eschatologie, ein irdisch-zeitliches Element und eines, das mit dem Ende der Zeit und der Welt in Beziehung steht. Wenn das eschatologische Element verkümmert, wird die weltliche Ökonomie im wahrsten Sinne des Wortes unendlich, das heißt end- und zwecklos. Das Paradox der Kirche besteht darin, aus eschatologischer Sicht der Welt entsagen zu müssen, was sie jedoch nicht vermag, weil sie aus ökonomischer Sicht von dieser Welt ist und ihr nicht entsagen kann, ohne sich zu verleugnen. Eben hier kommt es zur entscheidenden Krise: weil der Mut – dies scheint mir die eigentliche Botschaft Benedikts XVI. zu sein – nichts anderes ist als die Fähigkeit, mit dem eigenen Ende in Beziehung zu stehen.

10.

Ich habe versucht, den exemplarischen Charakter des von Benedikt XVI. vollzogenen Schritts in seinem theologischen und ekklesiologischen Kontext zu deuten. Doch wenn uns dieser Schritt interessiert, dann sicher nicht bloß deshalb, weil er auf ein innerkirchliches Problem aufmerksam macht, sondern weil er erlaubt, ein genuin politisches Problem zu beleuchten: das der Gerechtigkeit, das ebensowenig wie das der Legitimität aus der gesellschaftlichen Wirklichkeit verbannt werden kann. Niemand wird ernsthaft bestreiten wollen, dass auch der Leib unserer politischen Gesellschaft, wie der der Kirche und vielleicht noch beunruhigender als dieser, zweigeteilt ist, sich aus gut und böse, Rechtschaffenheit und Verbrechen, Gerechtigkeit und Ungerechtigkeit zusammensetzt. Gleichwohl wird dies in der modernen demokratischen Wirklichkeit nicht als grundlegendes politisches Problem wahrgenommen, sondern als ein verfahrensrechtliches. Wie beim Legitimitätsproblem sucht man seine Lösung auf der Ebene der Vorschriften, die untersagen und ahnden, bloß um im

Nachhinein feststellen zu müssen, dass die Spaltung des Gesellschaftskörpers mit jedem Tag weiter voranschreitet. Aus Sicht der gegenwärtig herrschenden Ideologie des Liberalismus hat das Paradigma der Selbstregulierung des Marktes das der Gerechtigkeit abgelöst. Deshalb glaubt man, eine immer unregierbarere Gesellschaft nach rein technischen Kriterien regieren zu können. Auf die Gefahr hin, mich zu wiederholen: Eine Gesellschaft funktioniert nur, wenn die Gerechtigkeit (der in der Kirche die Eschatologie entspricht) keine bloße, dem Recht und der Ökonomie gegenüber wirkungslose Idee bleibt, sondern sich in einer Kraft politisch Ausdruck zu verschaffen vermag, die sich der fortschreitenden ökonomisch-technischen Nivellierung jener ihrem Wesen nach widerstrebenden, gleichwohl aufeinander bezogenen Prinzipien – Legitimität und Legalität, geistliche und weltliche Macht, *auctoritas* und *potestas*, Gerechtigkeit und Recht –, die das kostbarste Gut der europäischen Kultur bilden, entschieden entgegenstellt.

II.
MYSTERIUM INIQUITATIS
GESCHICHTE ALS GEHEIMNIS

1.

Wie aus dem Titel *mysterium iniquitatis* unzweideutig hervorgeht, werde ich mich im Folgenden mit der berühmten Stelle des zweiten Paulusbriefs an die Thessalonicher beschäftigen, die vom Ende der Zeiten handelt. Wenn ich »unzweideutig« sage, dann deshalb, weil der genuin eschatologische Begriff *mysterium iniquitatis*, der nur als solcher Sinn ergibt, aus seinem Kontext gerissen und zu einem in sich widersprüchlichen ontologischen Begriff gemacht wurde: zu etwas, das man Ontologie des Bösen nennen könnte. Was nur als *philosophia ultima* Sinn ergab, wird als *philosophia prima* ausgegeben.
Lesen wir die fragliche Stelle des Paulusbriefs in ihrem Zusammenhang:

»Wir bitten euch, Brüder, im Blick auf das Kommen unseres Herrn Jesus Christus und unsere Vereinigung mit ihm euch nicht aus der Fassung bringen oder erschrecken zu lassen von Eingebungen oder Worten oder einem Brief, der von mir stammen soll, als ob der Tag des Herrn bevorstünde. Niemand täusche euch auf irgendeine Weise. Denn wenn nicht zuerst die Apostasie gekommen und geoffenbart worden ist der Mensch der Anomie (*ho anthropos tes anomias*), der Sohn der Zerstörung, der sich widersetzt und über alles erhebt, was Gott genannt wird oder Gegenstand der Verehrung ist, bis er, sich als Gott ausgebend, im Tempel Gottes sitzt. Erinnert ihr euch nicht, dass ich euch, als ich noch unter euch weilte, dies sagte. Jetzt wisst ihr, was aufhält, auf dass er geoffenbart werde zu seiner Zeit. Das Geheimnis der Anomie (*mysterion tes anomias*, das die Vulgata mit *mysterium iniquitatis* übersetzt) ist schon wirksam; nur muss der Aufhaltende erst aus dem Weg geräumt werden. Und dann wird der Gottlose (*anomos*, wörtlich »der Gesetzlose«) geoffenbart werden, den der Herr Jesus beseitigen wird durch den Hauch seines Mundes und unwirksam machen durch die Erscheinung seiner Ankunft – ihn, dessen Ankunft geschieht gemäß der Wirkung des Satans mit aller Macht und Zeichen und falschen Wundern und mit allem Trug der Ungerechtigkeit für die, die verloren gehen, weil sie die Liebe der Wahrheit nicht angenommen haben zu ihrer Errettung.« (2 Thess 2, 1–10)

Als sich die Kirche noch für die letzten Dinge interessierte, forderte diese merkwürdige Stelle den hermeneutischen Scharfsinn von Kirchenvätern wie Irenäus und Hieronymus, Hippolyt und Augustinus wie selbstverständlich heraus. Besondere Sorgfalt verwandten sie auf die Identifizierung jener beiden Figuren, die bei Paulus »der – oder das – Aufhaltende« (*ho katechon, to katechon*, in der Vulgata: *qui tenet, quid detineat*) und »der Mensch der Anomie« (*anthropos tes anomias*, wörtlich »der Mensch der Gesetzlosigkeit«, in der Vulgata: *homo peccati*) oder einfach *ho anomos* (»der Gesetzlose«, in der Vulgata: *iniquus*) heißen. Letzterer wurde seit Irenäus (*Adv. haereses* 7,1) in der Regel mit dem Antichrist – ein Ausdruck, den Paulus aller Wahrscheinlichkeit nach gar nicht kannte – des ersten Johannesbriefs (2,18) gleichgesetzt. Nach Irenäus findet sich diese Deutung bei Hippolyt, Origenes, Tertullian und Augustinus und ist schließlich, obgleich von modernen Gelehrten widerlegt, zum Gemeinplatz geworden. All diese Autoren sind davon überzeugt, dass der Antichrist ein Mensch aus Fleisch und Blut ist – eine reale historische Gestalt wie Nero, oder eine mehr oder minder fiktive wie Lateinos oder Teitan, deren Namen laut Hippolyt die Zahl des Tieres der Offenbarung enthalten. Wie Peterson zu Recht bemerkt hat, ist der Antichrist, auch wenn er im Dienst Satans steht, kein Dämon, sondern ein Mensch.

Wer oder was also ist »der oder das Aufhaltende«, der oder das aus dem Weg geräumt werden muss, damit der Antichrist (oder mit Paulus' Worten, der »Gesetzlose«) auftreten kann? Ich möchte Augustinus das Wort erteilen, der im *Gottesstaat* (XX,19) die Stelle kommentiert hat. Ihm zufolge besteht kein Zweifel daran, dass der fragliche Text von der Ankunft des Antichrist handle, der Apostel habe jedoch nicht klar sagen wollen, was er unter »dem Aufhaltenden« versteht, da die Empfänger seines Briefs dies bereits wussten: »Wir, die wir nicht wissen, was jene wussten, wünschen sehnlichst zu verstehen, was der Apostel meinte, doch vermögen es nicht, da die folgenden Worte noch unverständlicher sind. Denn was heißt das: ›Das Geheimnis der Bosheit ist schon am Werk; nur der Aufhaltende, bis er aus dem Weg geräumt ist; und dann wird der Gottlose offenbar werden‹? Ich gebe zu, nicht zu verstehen, was er sagen möchte. Aber ich will wenigstens die Vermutungen der Menschen, die ich hören oder lesen konnte, nicht verschweigen.«

Augustinus ordnet diese »Vermutungen« zwei Gruppen zu:

»Manche (*quidam*) glauben, das Gesagte beziehe sich auf das Römische Reich, und der Apostel habe es nicht ausdrücklich schreiben (*aperte scribere*) wollen, um sich nicht dem Vorwurf auszusetzen, er wünsche den Untergang jenes Reiches, das man für ewig hielt. Folglich sei mit den Worten ›Das Geheimnis der Bosheit ist schon am Werk‹ Nero gemeint, dessen Taten denen des Antichrist zu gleichen schienen. Manche vermuten, er werde auferstehen und zum Antichrist werden; andere glauben, er sei nicht tot, sondern entführt worden, um für tot zu gelten, während er in der Blüte seiner Jahre verborgen lebe, bis er zu seiner Zeit offenbar und wieder in seine Herrschaft eingesetzt werde. Über die Vermessenheit solcher Mutmaßungen kann ich mich nur wundern. Die Worte ›der Aufhaltende muss aus dem Weg geräumt werden‹ können sich jedoch durchaus auf das Römische Reich beziehen, als ob der Apostel sagen wollte: ›Wer herrscht, der herrsche, bis er aus dem Weg geräumt ist‹.«

Die zweite Gruppe von Zeugnissen fasst Augustinus so zusammen:

»Andere sind der Ansicht, die Worte des Apostels bezögen sich lediglich auf die Schlechten und die Heuchler in der Kirche, die sich vermehrten, bis sie das große Volk des Antichrist bilden würden. Das sei das Geheimnis der Bosheit, weil es in der Verborgenheit bleibe. Man glaubt nämlich, dass es dieses Geheimnis sei, auf das sich der Evangelist Johannes in seinem Brief bezieht. [...] So wie also in der Stunde, die Johannes die letzte nennt, viele Häretiker aus der Kirche ausgezogen sind, so werden, wenn der Zeitpunkt gekommen sein wird, all jene aus ihr ausziehen, die nicht zu Christus, sondern zum letzten Antichrist gehören, der dann offenbar werden wird.«

2.

Obgleich Augustinus keine Namen nennt, kann man unschwer erraten, auf welche Autoren er sich bezieht. Die *quidam* der ersten Gruppe stehen in der Tradition des Hieronymus, der die Paulusstelle unter anderem in seinem Brief an Algasia interpretiert hat. Dessen Auslegung zitiert Augustinus, wenn er schreibt, der Apostel habe nicht deutlicher werden wollen, um nicht beschuldigt zu werden, den Untergang des Reiches zu wünschen, das man für ewig hielt (Hieronymus hatte geschrieben: *nec vult aperte dicere Romanum imperium destruendum, quod ipsi, qui imperant, aeternum putant* [»Und er wollte nicht offen sagen, das Römische Reich sei zu zerstören, das die Herrschenden für ewig hielten«].[8]
Die zweite Hypothese, die das *katechon* mit der Kirche gleichsetzt, geht auf einen Autor zurück, der entscheidenden Einfluss auf Augustinus ausgeübt hat: Tyconius. Es handelt sich um eine originelle Persönlichkeit, ohne die Augustinus sein Hauptwerk *Vom Gottesstaat* nicht hätte schreiben können: Von Tyconius übernimmt er sowohl die Idee der zwei Staaten

als auch die der aus gut und böse gemischten Kirche (*ecclesia permixta*). Beachtung verdient Tyconius auch deshalb, weil er Benjamins Programm, die Lehre ausschließlich in Gestalt der Interpretation zu formulieren, fünfzehn Jahrhunderte im Voraus verwirklicht hat.
Tatsächlich fallen in seinem *Liber regularum*, das als die älteste Abhandlung der biblischen Hermeneutik gilt, die Regeln, die bei der Interpretation der Heiligen Schrift beachtet werden müssen, mit einer Lehre (in diesem Fall einer Ekklesiologie) zusammen.
Unser besonderes Interesse gilt der zweiten Regel, die den Titel *De Domini corpore bipertito* (»Vom zweigeteilten Leib des Herrn«) trägt. Tyconius zufolge ist die Zweigeteiltheit für den Leib Christi, und das heißt die Kirche, konstitutiv. In Anlehnung an einen Vers des *Hohenliedes*, der in der von ihm benutzten Übersetzung *fusca sum et decora* lautet, unterscheidet Tyconius zwischen einer schwarzen Kirche, die aus dem *populus malus* der Niederträchtigen, die den Leib Satans bilden, besteht und einer ehrbaren Kirche, die sich aus jenen zusammensetzt, die an Christus glauben. Jetzt sind die beiden Leiber der Kirche unentwirrbar vermischt, doch laut der Weissagung des Apostels werden sie sich am Ende der Zeiten trennen: »Das vollzieht sich seit den Leiden des Herrn, solange bis die Kirche, die aufhält, vom Geheimnis des Bösen (*mysterium facinoris*) aus

dem Weg geräumt wird, auf das, wenn die Zeit gekommen ist, der Gottlose offenbar werde, wie der Apostel sagt.«[9]

Tyconius unterscheidet also eine eschatologische Zeit, die sich von der Passion Christi bis zum »Geheimnis der Anomie« erstreckt, wenn die Trennung des zweigeteilten Leibs der Kirche vollzogen wird. Schon Ende des 4. Jahrhunderts gab es also Autoren, die in der Kirche selbst das *katechon*, den Grund für die Parusieverzögerung sahen.

3.

Allen diesen Deutungen des Paulustextes ist zweierlei gemein: Sie beziehen sich auf historische Personen oder Mächte und spielen auf Geschehnisse an, die sich unmittelbar vor der Parusie ereignen sollen. Das Geheimnis der Anomie zu begreifen, bedeutet also, etwas zu begreifen, das das *eschaton* anbelangt, jene ungeheure Abbreviatur der Menschheitsgeschichte, die am Ende der Zeiten erfolgt. Paulus stellt unmissverständlich klar (1 Kor 10,11), dass sich mit dem Jüngsten Tag die typologische oder figurale Deutung erledigt hat, da alle Typen und Figuren für das Ende der Zeiten ersonnen wurden: Was nun geschieht, ist nicht mehr Figur, sondern die Erfüllung aller Figuren, das heißt geschichtliche Wirklichkeit und sonst nichts.
Die Geschichte, wie wir sie kennen, ist eine christliche Idee. »Eine geschichtliche Religion ist das Christentum nicht nur deshalb, weil sein Fundament und sein Glaube auf einer Gestalt beruhen, an deren Historizität kein Zweifel besteht, sondern auch und gerade weil es dem linearen, irreversiblen Lauf der Zeit eine soteriologische Bedeutung gibt. Mehr noch: Es

knüpft sein Schicksal an die Geschichte, wird aus historischer Perspektive begriffen und gedeutet und entwickelt in kürzester Zeit eine Art Philosophie, oder besser noch, Theologie der Geschichte.«[10] Um es mit den Worten eines bedeutenden französischen Historikers zu sagen: »Das Christentum ist eine Religion der Geschichtsschreiber. [...] Das große Drama um Sünde und Erlösung – Mittelpunkt allen christlichen Meditierens – entfaltet sich in der Geschichte.«[11]

Um die Paulusstelle vor der Folie dieses geschichtlichen Dramas zu lesen, möchte ich die Deutung der beiden Gestalten (des *katechon* und des Menschen der Anomie) einstweilen zurückstellen und den Blick auf die dem Text zugrunde liegende Zeitstruktur richten. Meine Hypothese lautet: Um das *mysterium iniquitatis* verstehen zu können, muss man die paulinische Auffassung der messianischen Zeit (mithin der historischen Zeit, so es denn wahr ist, dass die Eschatologie lediglich eine Abbreviatur oder ein Miniaturmodell der Menschheitsgeschichte ist) verstanden haben. Zu diesem Zweck werde ich das paulinische Syntagma *mysterion tes anomias* (das die Vulgata mit *mysterium iniquitatis* übersetzt) untersuchen: Was bedeutet dieser Ausdruck, der laut Augustinus die *obscura verba* des Textes noch rätselhafter werden lässt? Und zunächst einmal, was bedeutet in diesem Zusammenhang *mysterion*?

4.

Bekanntlich nimmt die von Odo Casel und in seinem Gefolge von der sogenannten »Liturgischen Bewegung« der ersten Hälfte des 20. Jahrhunderts betriebene Erneuerung der Kirche aus dem Geist der Liturgie mit der korrekten Übersetzung des Wortes *mysterion* ihren Ausgang. Schon in seiner Doktorarbeit *De philosophorum Graecorum silentio mystico* (»Das mystische Schweigen bei den griechischen Philosophen«, 1919) hatte Casel nachgewiesen, dass das Wort nicht als Geheimlehre verstanden werden darf, die in Worte gefasst werden könnte, die zu enthüllen aber verboten ist. Es bedeutet vielmehr Praxis, Tat oder Drama auch im theatralischen Sinne des Wortes, das heißt ein zusammenhängendes Ganzes aus Gesten, Handlungen und Worten, durch die ein göttliches Wirken oder Leiden in der Zeit und in der Welt zur Errettung derer, die daran teilnehmen, Wirklichkeit wird. Aus diesem Grunde nennt Clemens von Alexandria die eleusinischen Mysterien *drama mystikon*, »Mysterienspiel«,[12] und bezeichnet folglich die christliche Botschaft als »Mysterien des Logos«.[13]

Ich habe nicht die Absicht, Partei zu ergreifen in der ekklesiologischen Kontroverse über die Frage, ob die Liturgie den Vorrang vor dem Dogma oder das Dogma den Vorrang vor der Liturgie habe, die Pius XII. mit seiner Enzyklika *Mediator Dei* zu schlichten versuchte, indem er die liturgische Bewegung in ihre Schranken verwies. Ich halte es jedoch für legitim, das bemerkenswerte Beispiel »theologischer Philologie«, das Casel mit seiner Untersuchung des Wortes *mysterium* vorgelegt hat, von seinen Ansichten über die Liturgie getrennt zu betrachten. Man muss seine Thesen vom Primat der Liturgie über die Glaubenslehre nicht teilen, um festzustellen, dass das, was er über die Herkunft des Ausdrucks aus dem Vokabular der hellenistischen Mysterien schreibt, im Wesentlichen zutrifft. Bleibt zu erwähnen, dass Casel in einer langen Tradition steht, die bis auf die *Exercitationes de rebus sacris et ecclesiasticis* (1655) des Isaac Casaubon, einem der Begründer der modernen Philologie, zurückverfolgt werden kann.

5.

Eine aufmerksame Untersuchung der Stellen, an denen Paulus den Ausdruck *mysterion* verwendet, bestätigt nicht nur Casels These, sondern ermöglicht deren Präzisierung. Hier ist nicht der Ort, alle Fundstellen des Wortes *mysterion* in den Paulusbriefen einer erschöpfenden Analyse zu unterziehen;[14] ich beschränke mich darauf, 1 Kor 2,1–7 zu zitieren: »Wir verkünden (*laloumen*, wörtlich wir ›sprechen‹, ›fassen in Worte‹) Weisheit unter den Vollkommenen (*teleiois*, die Eingeweihten), Weisheit nicht dieser Welt und nicht der Fürsten dieser Welt, die unwirksam gemacht werden; wir verkünden Gottes Weisheit in einem Geheimnis (*laloumen en mysterioi*, Vulgata: *loquimur in mysterio*), die verborgene Weisheit, die Gott vor allen Zeiten beschlossen hat zu unserer Herrlichkeit, die Weisheit, die keiner der Fürsten dieser Welt erkannt hat; hätten sie sie erkannt, so hätten sie den Herrn der Herrlichkeit nicht gekreuzigt.«
Augenscheinlich hat dieses Geheimnis nichts Verschwiegenes an sich; es ist vielmehr etwas, das gesagt, das sichtbar wird. Es ist nicht die Weisheit Gottes,

sondern das, wodurch diese Weisheit verkündigt und offenbart wird, und zwar so, dass es – wie bei den Mysterien – von Uneingeweihten nicht verstanden wird. Und was ist der Inhalt dieses Geheimnisses? »Wir verkündigen den gekreuzigten Christus, Ärgernis für die Juden, Torheit für die Heiden.« (1 Kor 1,23)
Die Weisheit Gottes drückt sich in Form eines Geheimnisses aus, das nichts anderes ist als das historische Drama der Passion, also ein tatsächlich geschehenes Ereignis, das die Gläubigen zu ihrem Heil verstehen, die Uneingeweihten jedoch nicht. In der Endzeit fallen Geheimnis und Geschichte restlos zusammen.
Noch offenkundiger wird das an den drei Stellen, an denen *mysterion* in Verbindung mit dem Wort *oikonomia* gebraucht wird: Kol 1,24–25; Eph 1,9–10 und 3,9. Wenn man, wie Paulus es an diesen Stellen tut, das Geheimnis an die Ökonomie bindet, bindet man es zugleich an die Geschichte. Zwar fallen bei Paulus – anders als bei den Kirchenvätern, die ab dem 3. Jahrhundert eine Lehre der theologischen Ökonomie, also des Heilswirkens Gottes auf Erden ausarbeiten werden – Ökonomie und Geheimnis noch nicht zusammen, aber von einer »Ökonomie des Geheimnisses« zu sprechen bedeutet, dass sich das Geheimnis in den eschatologischen Ereignissen zeigt, die Paulus lebt und verkündigt. Es gibt eine »historische Ökonomie« des Geheimnisses. Deshalb ist es Hippolyt

und Tertullian ein Leichtes, das paulinische Syntagma »Ökonomie des Geheimnisses« in »Geheimnis der Ökonomie« zu verkehren: Geheimnisvoll ist nun die Praxis selbst, durch die Gott das Göttliche in der Welt der Geschöpfe verteilt und offenbart.

6.

Die Geschichte des Endes (die nicht mit dem Ende der Geschichte verwechselt werden darf) stellt sich bei Paulus als Mysterium dar, als heiliges Drama, in dem über Heil und Verdammnis der Menschen verhandelt wird, ein Drama, das man (als Eingeweihter) sehen kann und verstehen oder (als Verdammter) sehen und nicht verstehen. Einem der Haupteinwände, den moderne Theologen gegen die These von der Verwandtschaft der christlichen mit den heidnischen Mysterien vorgebracht haben, der entschieden geschichtliche Charakter der christlichen Religion, ist so jegliche Grundlage entzogen: Das Mysterium, von dem Paulus spricht, ist selbst geschichtlich, weil er die Geschichte der Endzeit als »Geheimnis« betrachtet, als Mysterienspiel, als »Theater«, in dem auch den Aposteln eine Rolle zugedacht ist (1 Kor 4,9: »Wir sind zum Schauspiel geworden für die Welt, für Engel und Menschen«). Vor diesem Hintergrund wird die ausgiebige Verwendung von Theatermetaphern bei den Kirchenvätern verständlich: Wenn beispielsweise Ignatius von Antiochia das Kreuz »*mekané* der Rückkehr in den Himmel« nennt oder Pseudo-Athanasius es als »himmlische Maschine« (*mekané ouranios*) bezeichnet, verwenden sie mit *mekané* den Terminus technicus, der in der griechischen Tragödie die Theatermaschine bezeichnet, mit deren Hilfe die Götter auf die Bühne herab- und wieder in den Himmel aufsteigen konnten.

7.

Was fügt das *mysterium iniquitatis* des zweiten Thessalonicherbriefs dieser Auffassung des Geheimnisses hinzu? Das eschatologische Drama wird hier gleichsam in Szene gesetzt als Streit oder Dialektik dreier Gestalten: des *katechon* (des »Aufhaltenden«), des *anomos* (des »Gesetzlosen«) und des Messias (Gott und Teufel werden ebenfalls genannt, bleiben jedoch im Hintergrund). Man fühlt sich an die Regieanweisungen eines »Mysteriums« im theatralischen Sinne des Wortes, nämlich des im 12. Jahrhundert in Deutschland verfassten und aufgeführten *Ludus de Antichristo* erinnert: »Der Tempel des Herrn und sieben königliche Sitze werden zuerst in folgender Weise aufgestellt: gen Osten der Tempel des Herrn, daneben der Sitz des Königs von Jerusalem und der Sitz der Synagoge, gen Westen der Sitz des römischen Kaisers, daneben der Sitz des Königs der Deutschen und der Sitz des Königs der Franken. […] Der Antichrist tritt auf.«[15] Hier wird die Zeit zum Raum und die Geschichte wird unmittelbar zum Mysterium, zum Schauspiel.

8.

Die eschatologische Zeit – so lautet Paulus' Botschaft – hat eine binäre Struktur, die durch zwei Elemente bestimmt wird: ein aufschiebendes (das *katechon*, das – ob nun als Kirche oder als Reich – eine Institution ist) und ein auf Entscheidung drängendes (der Messias). Zwischen sie tritt das Erscheinen des Menschen der Anomie (laut den Kirchenvätern der Antichrist), dessen Erscheinen mit dem Abgang des *katechon* einhergeht und den Endkampf erzwingt.

Indem der Messias – der in der jüdischen Überlieferung und bei Paulus das Gesetz außer Kraft setzt – eine mit der messianischen Zeit identische Zone der Anomie schafft, befreit er den *anomos*, den Gesetzlosen, der als Befreiter dem Christen nicht unähnlich ist (man darf nicht vergessen, dass Paulus sich einmal *hos anomos*, »wie ein Gesetzloser« nennt: »denen, die ohne Gesetz (Gesetzlose) sind, bin ich wie ohne Gesetz (wie ein Gesetzloser) geworden«, 1 Kor 9,21). Das *katechon* ist die Macht – das Reich, die Kirche, jede rechtlich verfasste Autorität –, die der Anomie, durch die die messianische Zeit gekennzeichnet ist, entgegenwirkt und sie verbirgt und so die Aufdeckung des »Geheimnisses der Anomie« hinausschiebt. Mit der Enthüllung dieses Geheimnisses wird sichtbar, was die messianische Zeit charakterisiert: die Unwirksamkeit des Gesetzes und die wesentliche Illegitimität jeder Macht. (Allem Anschein nach scheint sich eben das vor unseren Augen abzuspielen: dass die Staaten ganz unverholen wie Gesetzlose handeln, lässt den *anomos* in neuem Licht erscheinen. Er erweist sich als die Enthüllung der Anomie, die heute die herrschenden Mächte selbst betrifft, in denen sich Staatsgewalt und Terrorismus zu einem System zusammengeschlossen haben.)

9.

Doch ich ergehe mich in Mutmaßungen, die denen nicht unähnlich sind, deren Vermessenheit Augustinus brandmarkte. Es wäre also wenn schon nicht bescheidener, so doch zweifellos nützlicher, mich auf die Struktur der eschatologischen Zeit zu konzentrieren, um die es in dem Brief geht. Wie wir sahen setzt sich diese Struktur aus einem aufschiebenden und einem auf Entscheidung drängenden Element zusammen. Das *katechon* bewirkt sowohl eine Unterbrechung als auch einen Aufschub der Geschichte. Die Zeit wird angehalten, damit die entscheidende Krise nicht eintreten kann. Der Moment, in dem der Aufschub seinen äußersten Punkt erreicht, fällt mit dem Offenbarwerden des »Gesetzlosen« zusammen. Dieser spiegelt – daher seine Gleichsetzung mit dem Antichrist (*anti* steht hier nicht für Gegensatz, sondern für Ähnlichkeit) – die Parusie nur vor: Die Unterbrechung der Geschichte gibt sich als deren Ende aus, oder, um einen modischeren Begriff zu verwenden, als Posthistoire, in dem sich nichts mehr ereignet. Vor diesem Hintergrund wird verständlich, dass man den Doppelcharakter der messianischen Zeit scheinbar widersprüchlich als ein »schon« und ein »noch nicht« zu umschreiben versucht hat. Denn es geht hier nicht um eine abstrakte zeitliche Struktur, sondern um ein Drama oder einen Kampf, in dem sich sehr konkrete geschichtliche Kräfte gegenüberstehen. Das »noch nicht« beschreibt das Wirken des *katechon*, der aufhaltenden Macht; das »schon« nimmt Bezug auf die Unaufschiebbarkeit der Entscheidung. Der Brief lässt keinen Zweifel daran, welchen Ausgang dieses Drama nimmt: Der Herr wird den *anomos* »durch den Hauch seines Mundes beseitigen und durch die Erscheinung seiner Ankunft unwirksam machen«.

10.

Das sind die Akteure und Peripetien des eschatologischen »Geheimnisses«, das der Verfasser des Briefes mit seinen *obscura verba* beschwört, die, in ihrem dramatischen Kontext betrachtet, gar nicht so rätselhaft sind. Und doch scheint die Kirche, die den ihr konsubstantiellen eschatologischen Standpunkt aufgegeben hat, sich dieses Kontextes überhaupt nicht mehr bewusst zu sein. Das *mysterium iniquitatis* wurde aus seinem eschatologischen Kontext gelöst und in eine zeitlose Struktur überführt, um dem Bösen ein theologisches Fundament zu geben und zugleich das Ende der Zeiten aufzuschieben.

Fassungslos angesichts der Gräuel zweier Weltkriege haben sich Philosophen und Theologen dazu verleiten lassen, unter Berufung auf das kenotische Moment Christi das *mysterium* in Gott selbst zu verlegen, gleichsam in einer ungeheuerlichen – man verzeihe mir den Ausdruck – »Kakokenodizee«, einer Rechtfertigung des Bösen durch die *kenosis*, unter völliger Ausblendung von dessen eschatologischer Bedeutung. So wird in den Tagungsakten, die

die Päpstliche Universität Gregoriana im Jahr 2002 unter dem Titel *Mysterium iniquitatis* publiziert hat, der Text des zweiten Thessalonicherbriefes an keiner Stelle zitiert. Was insofern nicht verwunderlich ist, als einer der Beiträger allen Ernstes behauptet, dass »das Geheimnis des Bösen eine Realität unserer täglichen Erfahrung ist, die wir weder erklären noch beherrschen können«. Bedauerlicherweise verwandeln auch jene Autoren, die der Kirche die Preisgabe der Eschatologie vorwerfen, das Drama der Endzeit in eine ontotheologische Struktur. Man kann darin unschwer eine wenn schon nicht gnostische, so doch wenigstens »semi-marcionitische«[16] Geste erkennen, die nicht zwei Gottheiten unterscheidet, sondern in ein und derselben Gottheit zwei Attribute: eine Art »ursprüngliche Zwiespältigkeit«, die, vor allem bei den Philosophen, vom späten Schelling und von Dostojewski inspiriert ist. So oder so haben diese Theologen und Philosophen, vielleicht ohne sich dessen bewusst gewesen zu sein, letztlich nichts anderes getan, als – um mit den Worten des Apostels zu sprechen – das Böse, »es als Gott ausgebend, in den Tempel Gottes zu setzen«.

11.

Indem sich die Kirche der eschatologischen Erfahrung ihres geschichtlichen Handelns verschließt – zumindest auf praktischer Ebene, denn, was die Lehre betrifft, lässt sich in der Theologie des 20. Jahrhunderts, man denke nur an Barth, Moltmann und von Balthasar, eine Renaissance eschatologischer Themen beobachten –, hat sie das Gespenst des *mysterium iniquitatis* selbst geschaffen. Will sie sich von diesem Gespenst befreien, muss sie sich der eschatologischen Dimension ihres geschichtlichen Handelns – jeglichen geschichtlichen Handelns – wieder öffnen, es als ein Drama verstehen, in dem der Entscheidungskampf unablässig ausgefochten wird. Nur so kann sie sich eines Handlungskriteriums versichern, das nicht – wie gegenwärtig der Fall – von der profanen Politik und dem wissenschaftlichen und technischen Fortschritt abhängt, denen sie in der vergeblichen Hoffnung, ihnen Grenzen setzen zu können, überallhin nachläuft. Wer sich von der heutigen Kirche einen Begriff machen will, muss erkennen, dass sie in allen Bereichen den entfesselten Tendenzen jener profanen Welt folgt, die ihre *oikonomia* erst hervorgebracht hat.

Es gibt in der Kirche zwei unversöhnliche, gleichwohl miteinander verschränkte Elemente: die *oikonomia* – das Heilswirken Gottes in der Welt und der Zeit – und die Eschatologie – das Ende der Welt und der Zeit. Als man glaubte, sich des eschatologischen Elements entledigen zu können, schlug die Entwicklung der säkularisierten *oikonomia* ins Negative um: sie wurde im wahrsten Sinne des Wortes ewig, das heißt end- und ziellos. Seither verstellt das aus seinem Zusammenhang gerissene und zur ontologischen Struktur erhobene Geheimnis des Bösen der Kirche jede echte Wahl und liefert ihr zugleich ein Alibi für ihre Zweideutigkeiten.

Ich glaube, dass politisches Handeln sowohl in der theologischen als auch in der profanen Sphäre erst wieder möglich ist, wenn das *mysterium iniquitatis* in seinen eschatologischen Kontext gestellt wird. Das Böse ist kein *theologisches* Schauerdrama, das alles Handeln lähmt, undurchschaubar und zwielichtig werden lässt, sondern ein *historisches* Drama, in dem die Entscheidung eines jeden zählt. Schmitts Lehre, laut der jede Politik in einer »aufhaltenden Macht« gründet, kann sich nicht auf Paulus berufen, bei dem das *katechon* lediglich ein Akteur unter anderen in einem eschatologischen Drama ist, aus dem es nicht herausgelöst werden kann. In diesem historischen

Drama fallen das *eschaton* – der Jüngste Tag – und die Gegenwart – die paulinische »Jetztzeit« – zusammen, in ihm kommt es schließlich zur apokalyptischen Enthüllung der Zweigeteiltheit des Leibes der Kirche wie auch jeder anderen profanen Institution. Ein jeder ist dazu aufgerufen, in diesem sich unablässig abspielenden Drama bedingungslos und bestimmt seinen Part zu übernehmen.

ANHANG

Erklärung Coelestins V.

Ego Caelestinus Papa Quintus motus ex legittimis causis, idest causa humilitatis, et melioris vitae, et coscientiae illesae, debilitate corporis, defectu scientiae, et malignitate Plebis, infirmitate personae, et ut praeteritae consolationis possim reparare quietem; sponte, ac libere cedo Papatui, et expresse renuncio loco, et Dignitati, oneri, et honori, et do plenam, et liberam ex nunc sacro coetui Cardinalium facultatem eligendi, et providendi duntaxat Canonice universali Ecclesiae de Pastore.

Ich, Papst Coelistin V., bewegt von legitimen Gründen, das heißt aus Gründen der Demut, des besseren Lebens und der Integrität meines Gewissens, aber auch aus Gründen körperlicher Gebrechlichkeit, der Schwächung meines Bewusstseins und der Missgunst des Volkes, der Hinfälligkeit meiner Person und damit ich die Ruhe meines früheren Trostes wiedererlange, trete ich aus freiem Willen vom Pontifikat zurück und verzichte ausdrücklich auf den Thron, auf die Würde, auf das Amt und auf die Ehre, indem ich die volle und freie Macht an das heilige Kollegium der Kardinäle übergebe, nach kanonischem Recht einen neuen Hirten für die Universalkirche zu wählen.

Erklärung Benedikts XVI.

Fratres carissimi

Non solum propter tres canonizationes ad hoc Consistorium vos convocavi, sed etiam ut vobis decisionem magni momenti pro Ecclesiae vita communicem. Conscientia mea iterum atque iterum coram Deo explorata ad cognitionem certam perveni vires meas ingravescente aetate non iam aptas esse ad munus Petrinum aeque administrandum.

Bene conscius sum hoc munus secundum suam essentiam spiritualem non solum agendo et loquendo exsequi debere, sed non minus patiendo et orando. Attamen in mundo nostri temporis rapidis mutationibus subiecto et quaestionibus magni ponderis pro vita fidei perturbato ad navem Sancti Petri gubernandam et ad annuntiandum Evangelium etiam vigor quidam corporis et animae necessarius est, qui ultimis mensibus in me modo tali minuitur, ut incapacitatem meam ad ministerium mihi commissum bene administrandum agnoscere debeam. Quapropter bene conscius ponderis huius actus plena libertate declaro me ministerio Episcopi Romae, Successoris Sancti Petri, mihi per manus Cardinalium die 19 aprilis MMV commisso renuntiare ita ut a die 28 februarii MMXIII, hora 20, sedes Romae, sedes Sancti Petri vacet et Conclave ad eligendum novum Summum Pontificem ab his quibus competit convocandum esse.

Fratres carissimi, ex toto corde gratias ago vobis pro omni amore et labore, quo mecum pondus ministerii mei portastis et veniam peto pro omnibus defectibus meis. Nunc autem Sanctam Dei Ecclesiam curae Summi eius Pastoris, Domini nostri Iesu Christi confidimus sanctamque eius Matrem Mariam imploramus, ut patribus Cardinalibus in eligendo novo Summo Pontifice materna sua bonitate assistat. Quod ad me attinet etiam in futuro vita orationi dedicata Sanctae Ecclesiae Dei toto ex corde servire velim.

Ex Aedibus Vaticanis, die 10 mensis februarii MMXIII
BENEDICTUS PP. XVI

Liebe Mitbrüder!
Ich habe euch zu diesem Konsistorium nicht nur wegen drei Heiligsprechungen zusammengerufen, sondern auch um euch eine Entscheidung von großer Wichtigkeit für das Leben der Kirche mitzuteilen. Nachdem ich wiederholt mein Gewissen vor Gott geprüft habe, bin ich zur Gewissheit gelangt, dass meine Kräfte infolge des vorgerückten Alters nicht mehr geeignet sind, um in angemessener Weise den Petrusdienst auszuüben. Ich bin mir sehr bewusst, dass dieser Dienst wegen seines geistlichen Wesens nicht nur durch Taten und Worte ausgeübt werden darf, sondern nicht weniger durch Leiden und durch Gebet. Aber die Welt, die sich so schnell verändert, wird heute durch Fragen, die für das Leben des Glaubens von großer Bedeutung sind, hin- und hergeworfen. Um trotzdem das Schifflein Petri zu steuern und das Evangelium zu verkünden, ist sowohl die Kraft des Köpers als auch die Kraft des Geistes notwendig, eine Kraft, die in den vergangenen Monaten in mir derart abgenommen hat, dass ich mein Unvermögen

erkennen muss, den mir anvertrauten Dienst weiter gut auszuführen. Im Bewusstsein des Ernstes dieses Aktes erkläre ich daher mit voller Freiheit, auf das Amt des Bischofs von Rom, des Nachfolgers Petri, das mir durch die Hand der Kardinäle am 19. April 2005 anvertraut wurde, zu verzichten, so dass ab dem 28. Februar 2013, um 20 Uhr, der Bischofssitz von Rom, der Stuhl des heiligen Petrus, vakant sein wird und von denen, in deren Zuständigkeit es fällt, das Konklave zur Wahl des neuen Papstes zusammengerufen werden muss.

Liebe Mitbrüder, ich danke euch von ganzem Herzen für alle Liebe und Arbeit, womit ihr mit mir die Last meines Amtes getragen habt, und ich bitte euch um Verzeihung für alle meine Fehler. Nun wollen wir die Heilige Kirche der Sorge des höchsten Hirten, unseres Herrn Jesus Christus, anempfehlen. Und bitten wir seine heilige Mutter Maria, damit sie den Kardinälen bei der Wahl des neuen Papstes mit ihrer mütterlichen Güte beistehe. Was mich selbst betrifft, so möchte ich auch in Zukunft der Heiligen Kirche Gottes mit ganzem Herzen durch ein Leben im Gebet dienen.

Gegeben zu Rom, bei St. Peter, am 10. Februar 2013
BENEDICTUS PP. XVI

ANMERKUNGEN

1 Ratzinger 1, S. 179f.
2 Ebd., S. 180f.
3 Ebd., S. 181.
4 Tyconius, S. 74.
5 Schmitt, S. 29.
6 Ratzinger 2.
7 Troeltsch, S. 36.
8 Hieronymus, S. 54.
9 Tyconius, S. 74.
10 Puech, S. 1.
11 Bloch, S. 25f.
12 Clemens, S. 30.
13 Ebd., S. 254.
14 Vgl. Agamben, S. 37–39.
15 Ludus, S. 4.
16 Milana, S. 149.

LITERATURVERZEICHNIS

Agamben: Giorgio Agamben, *Herrschaft und Herrlichkeit. Zur theologischen Genealogie von Ökonomie und Regierung. Homo sacer Teil 2, Band 2*, Berlin, Suhrkamp 2010 [*Il regno e la gloria. Per una genealogia teologica dell'economia e del governo*, Vicenza, Neri Pozza 2007].

Bloch: Marc Bloch, *Apologie der Geschichte oder Der Beruf des Historikers*, Stuttgart, Ernst Klett 1974 [*Apologie pour l'histoire ou le métier d'historien*, Paris, A. Colin 1949].

Casel: Odo Casel, *De philosophorum Graecorum silentio mystico*, Giessen, Töpelmann 1919.

Clemens: Clemens von Alexandria, *The Exhortation to the Greeks. The Rich Man's Salvation. To the Newly Baptized*, hg. von G. W. Butterworth (Loeb Classical Library 92), Cambridge, Mass., Harvard University Press 1919.

Hieronymus: Sophronius Eusebius Hieronymus, »Ad Algasiam liber quaestionum undecim (CXXI)«, in: *Epistulae*, Bd. 3 (CSEL 56), Wien, Tempsky 1918.

Ludus: *Ludus de Antichristo/Das Spiel vom Antichrist*, hg. von R. Engelsing, Stuttgart, Reclam 1968.

Milana: Fabio Milana, »Postfazione«, in: Ivan Illich, *Pervertimento del Cristianesimo*, Macerata, Quodlibet 2008.

Puech: Henri-Charles Puech, *En quête de la gnose*, Bd. 1, Paris, Gallimard 1978.

Ratzinger 1: Joseph Ratzinger, »Beobachtungen zum Kirchenbegriff des Tyconius im ›Liber regularum‹«, in: *Revue des Études Augustiniennes et Patristique* 2 (1956), S. 173–185.

Ratzinger 2: Benedikt XVI, »Ambrosius Autpertus«, Generalaudienz vom 22. April 2009 (http://w2.vatican.va/content/benedict-xvi/de/audiences/2009/documents/hf_ben-xvi_aud_20090422.html).

Schmitt: Carl Schmitt, *Der Nomos der Erde im Völkerrecht des Jus Publicum Europaeum*, 2. Aufl., Berlin, Duncker & Humblot 1974.

Troeltsch: Ernst Troeltsch, *Glaubenslehre. Nach Heidelberger Vorlesungen aus den Jahren 1911 und 1912*, München-Leipzig, Duncker & Humblot 1925.

Tyconius: *The Book of Rules of Tyconius*, hg. von F. C. Burkitt, Cambridge, Cambridge University Press 1894.

Giorgio Agamben
PILATUS UND JESUS
63 Seiten, Klappenbroschur
Aus dem Italienischen
von Andreas Hiepko

In diesem Essay untersucht Giorgio Agamben als Prozessbeobachter die bekannteste Gerichtsentscheidung der Menschheitsgeschichte. In der von Pontius Pilatus geleiteten Verhandlung über das Schicksal Jesu treten zwei elementare Prinzipien in Konflikt: Geschichte trifft auf Unendlichkeit, Urteil auf Heil. Von diesem folgenschweren Moment an steht die gesellschaftliche Ordnung im Bann der stets dräuenden Katastrophe, ganz wie der zum Tode Verurteilte prophezeite, als er ausrief: »Mein Reich ist nicht von dieser Welt«.

»Ein Buch, das sich dadurch auszeichnet,
dass es die ganze philosophische und theologische
Geschichte des Abendlandes widerspiegelt.«
Barbara Vinken

Erste Auflage Berlin 2015

Göhrener Str. 7 | 10437 Berlin
info@matthes-seitz-berlin.de

Druck und Bindung: Art Druk, Szczecin
Umschlaggestaltung nach einer Idee von Pierre Faucheux

ISBN 978-3-95757-097-0

www.matthes-seitz-berlin.de